Vorfreude und Weihnachtsduft

verbreiten selbstgebackene Plätzchen wie kaum etwas anderes. Mit verschiedenen Ausstechförmchen, Zuckerguß, Kuvertüre, bunten Zuckerstreuseln, Nüssen und kandierten Früchten zaubern Sie aus einfachen Teigrezepten einen bunten Plätzchenteller. Zum Aufbewahren sollte jede Plätzchensorte eine eigene Dose bekommen, damit die Aromenvielfalt nicht zu einem ungewollten Geschmackseinklang verschmilzt. Und falls Sie nicht alles selbst aufessen – eine wohlgefüllte Plätzchendose ist ein beliebtes weihnachtliches Mitbringsel!

Übrigens: kJ und kcal unter jedem Rezept bedeuten Kilojoule und Kilokalorien. Die Umgangssprache sagt dazu Joule und Kalorien.

Basler Brunsli

Bei diesem zarten Gebäck aus der Schweiz gibt die edle Schokolade den Ton an.

Zutaten für 40 Stück:
Für den Teig: 100 g Zartbitterschokolade ·
300 g gemahlene Mandeln ·
1 Teel. Zimtpulver · 2 Eiweiß · 1 Prise Salz ·
100 g Zucker
Für die Arbeitsfläche: Zucker
Für das Backblech: Butter

- Zubereitungszeit: etwa 45 Minuten
- Kühlzeit: mindestens 5 Stunden
- Backzeit: 15–18 Minuten pro Blech

1

Die Schokolade auf der Rohkostreibe fein reiben und mit den Mandeln und dem Zimtpulver mischen.

2

Die Eiweiße mit dem Salz halbsteif schlagen. Den Zucker langsam einrieseln lassen und weiterschlagen, bis sich der Zucker ganz aufgelöst hat (Seite 18/19). Die Mandelmischung mit einem breiten Kochlöffel unter den Eischnee ziehen. Die Masse verkneten, dabei die Hände einmal kurz in kaltes Wasser tauchen.

3

Die Arbeitsfläche mit Zucker bestreuen. Den Teig darauf etwa ½ cm dick ausrollen, dabei den Teigroller gelegentlich mit Zukker bestreuen. Mit einem Förmchen Herzen ausstechen.

4

Ein Backblech gut einfetten und die Plätzchen darauf setzen. Die Plätzchen an einem kühlen Platz mindestens 5 Stunden trocknen lassen.

5

Den Backofen auf 175° vorheizen. Die Mandelherzen im Backofen (Mitte) 15–18 Minuten backen.

6

Die Basler Brunsli mit einem breiten Messer auf ein Kuchengitter heben und gut abkühlen lassen. Die Plätzchen zum Aufbewahren in eine Dose schichten.

Variante: Im Originalrezept bleiben Basler Brunsli unverziert. Noch dekorativer werden die Mandelherzen jedoch mit zarter Schokoglasur. Dafür 100 g Zartbitterkuvertüre im warmen Wasserbad schmelzen lassen (Seite 34/35). Die flüssige Kuvertüre in eine kleine Pergamenttüte füllen und eine winzige Spitze abschneiden. Streifen auf die abgekühlten Mandelherzen spritzen. Die Mandelherzen auf einem Kuchengitter in etwa 1 Stunde trocknen lassen.

Pro Stück etwa: 283 kJ/68 kcal
2 g Eiweiß · 5 g Fett · 5 g Kohlenhydrate

Basler Brunsli

Goldmonde

Ein feines Buttergebäck von zurückhaltender Süße.

Zutaten für 36 Stück:
Für den Teig: 250 g Mehl ·
½ Teel. Backpulver · 100 g weiche Butter ·
100 g Puderzucker ·
1 Päckchen Vanillinzucker ·
½ Teel. Kardamom, gemahlen · 2 Eigelb ·
5 Eßl. Sahne
Für die Arbeitsfläche: Mehl
Für die Backbleche: Butter
Zum Bestreichen: 2 Eigelb
Zum Bestreuen: 2 Eßl. gehackte Mandeln
Zum Füllen: 3 Eßl. Orangenkonfitüre ·
1 Teel. weißer Rum

- Zubereitungszeit: etwa 40 Minuten
- Kühlzeit: etwa 2 Stunden
- Backzeit: 8–10 Minuten pro Blech

1

Das Mehl mit dem Backpulver mischen. Die Butter mit dem Puderzucker, dem Vanillinzucker und dem Kardamom schaumig rühren. Die Eigelbe, das Mehl und die Sahne nach und nach untermengen. Den Teig gut verkneten und zugedeckt etwa 2 Stunden kühl stellen (Seite 18/19).

2

Die Arbeitsfläche mit wenig Mehl bestäuben. 2 Bleche gut einfetten. Den Backofen auf 200° vorheizen.

3

Den Teig portionsweise etwa 3 mm dick ausrollen, mit einem Förmchen Monde ausstechen (Seite 18/19). Die Plätzchen auf 2 Bleche legen. Die Eigelbe in einer Tasse verquirlen. Die Plätzchen mit einem Pinsel damit bestreichen. Die Hälfte der Monde mit den gehackten Mandeln bestreuen.

4

Die Plätzchen im Backofen (oben) in 8–10 Minuten goldgelb backen. Mit einem breiten Messer vom Blech nehmen und auf einem Kuchengitter abkühlen lassen.

5

Die Konfitüre mit dem Rum verrühren. Die unbestreute Hälfte der Plätzchen mit der Konfitüre bestreichen und die mit Mandeln bestreuten Monde darauf setzen.

6

Die Füllung 2–3 Stunden trocknen lassen. Die Plätzchen zum Aufbewahren in eine Dose schichten.

Pro Stück etwa: 320 kJ/76 kcal
1 g Eiweiß · 3 g Fett · 9 g Kohlenhydrate

Goldmonde

Zimtkipferl

Die beliebten Vanillehörnchen,
zur Abwechslung einmal in Zimtzucker gewälzt.

Zutaten für 36 Stück:
Für den Teig: 250 g Mehl ·
50 g gemahlene Mandeln ·
½ Teel. Zimtpulver · 200 g weiche Butter ·
100 g Zucker · 1 Päckchen Vanillezucker
Für die Arbeitsfläche: Mehl
Für die Backbleche: Butter
Zum Wälzen: 50 g Zucker ·
2 Eßl. Puderzucker · 1 Teel. Zimtpulver

- Zubereitungszeit: etwa 30 Minuten
- Kühlzeit: etwa 1 Stunde
- Backzeit: 8–10 Minuten pro Blech

1

Das Mehl mit den Mandeln und dem Zimtpulver mischen. Die Butter mit dem Zucker und dem Vanillezucker schaumig rühren, bis sich der Zucker ganz aufgelöst hat. Die Mehl-Mandel-Mischung untermengen und alles rasch zu einem glatten Teig verkneten. Den Teig zugedeckt etwa 1 Stunde kühl stellen (Seite 18/19).

2

Den Backofen auf 200° vorheizen. 2 Bleche gut einfetten. Die Arbeitsfläche mit wenig Mehl bestäuben.

3

Den Teig in 3 Portionen zu jeweils einer Rolle von etwa 2 cm Durchmesser formen, etwa 2 cm lange Stücke abschneiden. Diese zu etwa 5 cm langen, an den Enden spitz zulaufenden Röllchen formen und halbmondförmig zu Kipferl biegen. Die Zimtkipferl im Backofen (oben) in 8–10 Minuten goldbraun backen.

4

Für den Zimtzucker den Zucker mit dem Puderzucker und dem Zimtpulver auf einem flachen Teller mischen.

5

Die noch warmen Kipferl im Zimtzucker wälzen und zum Abkühlen mit einem breiten Messer auf ein Kuchengitter legen.

6

Die Plätzchen zum Aufbewahren in eine Dose schichten.

Pro Stück etwa: 390 kJ/93 kcal
1 g Eiweiß · 5 g Fett · 10 g Kohlenhydrate

Zimtkipferl

Nußmakronen

Ein traditionelles Weihnachtsgebäck, das nicht aufwendig ist.

Zutaten für 30 Stück:
Für den Teig: 3 Eiweiß · 1 Prise Salz ·
125 g Zucker ·
200 g gemahlene Haselnüsse ·
50 g gemahlene Mandeln ·
1 gehäufter Teel. Instant-Kaffeepulver ·
½ Teel. Zimtpulver · 1 Prise Nelkenpulver ·
30 Oblaten (44 mm ∅) ·
30 ganze Haselnüsse

- Zubereitungszeit: etwa 30 Minuten
- Kühlzeit: mindestens 3 Stunden
- Backzeit: 15–20 Minuten

1

Die Eiweiße mit dem Salz halbsteif schlagen. Den Zucker langsam einrieseln lassen und weiterschlagen, bis sich der Zucker völlig aufgelöst hat (Seite 18/19).

2

Die Haselnüsse mit den Mandeln, dem Kaffeepulver und den Gewürzen mischen und mit einem breiten Kochlöffel unter den Eischnee heben.

3

Ein Backblech mit 30 Oblaten auslegen. Mit 2 Teelöffeln, die vorher in kaltes Wasser getaucht werden, von der Nußmasse Nocken abstechen und diese auf die Oblaten setzen (Seite 18/19). Die ganzen Nüsse jeweils in die Mitte drücken.

4

Die Makronen an einem kühlen Platz mindestens 3 Stunden trocknen lassen.

5

Den Backofen auf 175° vorheizen. Die Nußmakronen im Backofen (Mitte) 15–20 Minuten backen. Die Makronen mit einem breiten Messer auf ein Kuchengitter heben und abkühlen lassen.

6

Die Nußmakronen zusammen mit einem halben Apfel in einer Dose aufbewahren. So bleiben sie während der Lagerzeit weich.

Pro Stück etwa: 327 kJ/78 kcal
2 g Eiweiß · 6 g Fett · 5 g Kohlenhydrate

Nußmakronen

Kokosschäumchen

Mit fertig gerösteten Kokosrapseln geht es noch schneller.

Zutaten für 30 Stück:
Für den Teig: 300 g Kokosraspel ·
50 g Belegkirschen · 1 Teel. abgeriebene
Schale von 1 unbehandelten Zitrone ·
3 Eiweiß · 1 Prise Salz · 175 g Zucker ·
1 Eßl. Zitronensaft · ½ Teel. Ingwerpulver
Für das Backblech: 30 Oblaten (44 mm ∅)

- Zubereitungszeit: etwa 30 Minuten
- Kühlzeit: etwa 5 Stunden
- Backzeit: 15–20 Minuten

1

100 g Kokosraspel in einer trockenen Pfanne bei mittlerer Hitze unter ständigem Wenden rösten, bis sie goldgelb sind. Danach abkühlen lassen. Die Belegkirschen kleinschneiden.

2

Die gerösteten und ungerösteten Kokosraspel mit den Kirschen und der Zitronenschale mischen.

3

Die Eiweiße mit dem Salz halbsteif schlagen. Den Zucker langsam einrieseln lassen und weiterschlagen, bis sich der Zucker völlig aufgelöst hat. Den Zitronensaft, das Ingwerpulver und die Kokosraspel untermengen (Seite 18/19).

4

Ein Backblech mit 30 Oblaten auslegen. Kaltes Wasser in einer kleinen Schüssel bereitstellen.

5

Von der Kokosmasse mit 2 Teelöffeln, die immer wieder in das kalte Wasser getaucht werden, Nocken abstechen und runde Häufchen auf die Oblaten setzen. Die Kokosschäumchen etwa 5 Stunden an einem kühlen Platz trocknen lassen (Seite 18/19).

6

Den Backofen auf 175° vorheizen. Die Kokosschäumchen im Backofen (Mitte) 15–20 Minuten backen. Die Makronen danach mit einem breiten Messer auf ein Kuchengitter heben und auskühlen lassen.

7

Die Kokosschäumchen zusammen mit einem halben Apfel in einer Blechdose aufbewahren, damit sie nicht hart werden.

Pro Stück etwa: 307 kJ/73 kcal
1 g Eiweiß · 3 g Fett · 14 g Kohlenhydrate

Kokosschäumchen

Schokostangen

Diese Schokostangen halten sich etwa 14 Tage frisch.

Zutaten für 60 Stück:
Für den Teig: 250 g Mehl ·
50 g schwach entöltes Kakaopulver ·
1 Teel. Backpulver · 75 g weiche Butter ·
1 Prise Salz · 1 Teel. Honig · 100 g Zucker ·
1 Ei · 150 ml Milch
Für das Backblech: Butter und Mehl
Zum Überziehen: 300 g Vollmilch-
kuvertüre · 200 g Kokosraspel

- Zubereitungszeit: etwa 50 Minuten
- Backzeit: 20–25 Minuten

1

Den Backofen auf 175° vorheizen. Ein Backblech zur Hälfte einfetten und mit Mehl bestäuben.

2

Das Mehl mit dem Kakaopulver und dem Backpulver mischen. Die Butter mit dem Salz, dem Honig und dem Zucker schaumig rühren. Das Ei untermengen. Nach und nach die Mehl-Kakao-Mischung abwechselnd mit der Milch unterrühren.

3

Den zähen Teig auf den gefetteten Teil des Backblechs geben und mit einem in kaltes Wasser getauchten breiten Messer verteilen und glatt streichen. Die Teigplatte im Backofen (Mitte) 20–25 Minuten backen.

4

Die Teigplatte etwas abkühlen lassen und in etwa 2 × 4 cm lange Stücke schneiden, dabei das Messer immer wieder in kaltes Wasser tauchen.

5

Die Kuvertüre in kleine Stücke teilen und im warmen Wasserbad schmelzen lassen. Die Kokosraspel in eine Schüssel füllen. Die Plätzchen auf eine Gabel gelegt in die Kuvertüre tauchen, etwas abtropfen lassen, in den Kokosraspeln wälzen und auf ein Kuchengitter legen (Seite 34/35).

6

Die Schokostangen an einem kühlen Platz etwa 1 Stunde trocknen lassen. Zum Aufbewahren in eine Dose schichten.

Pro Stück etwa: 325 kJ/77 kcal
1 g Eiweiß · 4 g Fett · 10 g Kohlenhydrate

Schokostangen

Haferflockenplätzchen

Auch außerhalb der Adventszeit schmeckt dieses herzhafte Gebäck zu Kaffee und Tee.

Zutaten für 22 Stück:
Für den Teig: 50 g Rosinen · 3 Eßl. Rum ·
125 g Mehl · 1 Teel. Backpulver ·
125 g zarte Haferflocken ·
125 g weiche Butter ·
125 g brauner Zucker ·
1 Päckchen Vanillezucker
Für das Backblech: Butter

- Zubereitungszeit: etwa 20 Minuten
- Kühlzeit: etwa 1 Stunde
- Backzeit: 17–20 Minuten

1

Die Rosinen in einer Schüssel heiß waschen, dabei das Wasser mehrmals erneuern. Zum Trocknen kurz auf ein Küchentuch legen. In 2 Eßlöffel Rum etwa 15 Minuten quellen lassen.

2

Das Mehl mit dem Backpulver und den Haferflocken mischen. Die Butter mit dem Zucker und dem Vanillezucker schaumig rühren, bis sich der Zucker fast aufgelöst hat. Die Mehl-Haferflocken-Mischung mit den Rumrosinen und dem übrigen Rum unter die Schaummasse mengen. Den Teig gut verkneten und zugedeckt etwa 1 Stunde kühl stellen (Seite 18/19).

3

Den Backofen auf 175° vorheizen. Ein Backblech mit Butter bestreichen.

4

Aus dem Teig mit einem Teelöffel walnußgroße Stücke abstechen. Mit den Händen runde Bällchen formen, dabei die Hände immer wieder in kaltes Wasser tauchen. Die Bällchen mit genügend Abstand auf das Blech setzen und etwas flach drücken.

5

Die Plätzchen im Backofen (Mitte) 17–20 Minuten backen. Mit einem breiten Messer auf ein Kuchengitter heben und abkühlen lassen.

6

Die Plätzchen zum Aufbewahren in eine Dose schichten.

Pro Stück etwa: 490 kJ/120 kcal
2 g Eiweiß · 5 g Fett · 15 g Kohlenhydrate

Haferflockenplätzchen

So wird's gemacht

Butterteig

1 Die weiche Butter mit Zucker schaumig rühren. Mehl und Gewürze mit den Knethaken des Handrührgerätes untermengen. Den Teig mit den Händen rasch durchkneten.

2 Den Teig zu einer Kugel formen und zugedeckt in den Kühlschrank stellen.

3 Den Teig portionsweise auf einer leicht bemehlten Arbeitsfläche dünn ausrollen. Auch den Teigroller bemehlen. Mit beliebigen Formen Plätzchen ausstechen.

1

Makronenteig

1 Für den Eischnee nur frische Eier verwenden. Die Eiweiße mit 1 Prise Salz halbsteif schlagen, mit Zucker steif schlagen. Das dauert etwa 10 Minuten.

2 Gemahlene Nüsse und Gewürze untermischen. Mit 2 Teelöffeln, die immer wieder in kaltes Wasser getaucht werden müssen, Nocken von der Makronenmasse abstechen.

3 Die Nocken auf Oblaten oder Backpapier setzen. Die Makronen erst 3–5 Stunden trocknen lassen, bevor sie gebacken werden.

1

Lebkuchenteig

1 Mehl, Mandeln, Nüsse, Gewürze und Früchtemischung vermengen. Mit Ei und Hirschhornsalz unter die Honig-Zucker-Masse mischen. Mit den Händen verkneten.

2 Den Teig zwischen Frischhaltefolie zu einer großen Platte ausrollen. Das Backblech einfetten und bemehlen. Die Teigplatte darauf legen.

3 Die Teigplatte erst mit der Konfitüre, dann mit der Kuvertüre überziehen. Mit einem Messer, das immer wieder in kaltes Wasser getaucht wird, würfeln. Die Würfel verzieren.

1

2

3

2

3

2

3

Zedernbrote

Kleine süße Mandelbrote mit fruchtigem Zitronengeschmack.

Zutaten für 34 Stück:
Für den Teig: 50 g Zitronat ·
300 g gemahlene Mandeln · abgeriebene
Schale von 1 unbehandelten Zitrone ·
2 Eiweiß · 200 g Puderzucker
Für die Arbeitsfläche: Mehl
Für das Backblech: Butter
Für den Guß: 50 g Puderzucker ·
2 Teel. Zitronensaft

- Zubereitungszeit: etwa 25 Minuten
- Kühlzeit: etwa 5 Stunden
- Backzeit: 15–18 Minuten

1

Das Zitronat sehr fein hacken und mit den Mandeln und der Zitronenschale mischen.

2

Die Eiweiße halbsteif schlagen. Den Puderzucker langsam hinzufügen und den Eischnee steif schlagen (Seite 18/19). Die Mandelmischung mit einem breiten Kochlöffel unterheben. Die Masse etwa 5 Stunden kühl stellen.

3

Den Backofen auf 175° vorheizen. Ein Backblech einfetten. Die Arbeitsfläche mit wenig Mehl bestäuben.

4

Die Mandelmasse portionsweise zu einer etwa 2 cm dicken Rolle drehen, etwa 3 cm lange Stücke abschneiden und ovale Laibchen daraus formen. Die Laibchen auf das Blech legen und jeweils dreimal einkerben.

5

Die Zedernbrote im Backofen (Mitte) 15–18 Minuten backen. Mit einem breiten Messer auf ein Kuchengitter heben und abkühlen lassen.

6

Für den Guß den Puderzucker mit dem Zitronensaft verrühren und die Zedernbrote mit einem Pinsel damit bestreichen (Seite 34/35).

7

Die Glasur 1–2 Stunden trocknen lassen. Die Plätzchen zum Aufbewahren in eine Dose schichten.

Pro Stück etwa: 364 kJ/87 kcal
2 g Eiweiß · 6 g Fett · 9 g Kohlenhydrate

Zedernbrote

Butterplätzchen

Beim Verzieren dieser Plätzchen können Sie Ihrer Phantasie freien Lauf lassen.

Zutaten für 70 Stück:
Für den Teig: 150 g weiche Butter ·
1 Prise Salz · 100 g Zucker ·
1 Eßl. weißer Rum · 1 Eßl. Zitronensaft ·
1 Ei · 300 g Mehl
Für die Arbeitsfläche: Mehl
Für die Backbleche: Butter und Mehl
Für den Guß: 150 g Puderzucker ·
1½ Eßl. Himbeersirup ·
1½ Eßl. weißer Rum
Zum Bestreuen: beliebige Zuckerstreusel

- Zubereitungszeit: etwa 1 Stunde
- Kühlzeit: etwa 2 Stunden
- Backzeit: 8–10 Minuten pro Blech

1

Die Butter mit dem Salz und dem Zucker schaumig rühren. Den Rum, den Zitronensaft und das Ei hinzufügen. Das Mehl untermischen. Den Teig gut verkneten und zugedeckt etwa 2 Stunden kühl stellen (Seite 18/19).

2

Den Backofen auf 200° vorheizen. Die Arbeitsfläche mit wenig Mehl bestäuben. 2 Bleche einfetten und leicht bemehlen.

3

Den Butterteig portionsweise etwa 3 mm dick ausrollen und beliebige Formen wie Herzen, Sterne oder Monde ausstechen (Seite 18/19). Den restlichen Teig immer wieder zurück in den Kühlschrank stellen.

4

Die Plätzchen auf die Bleche legen und im Backofen (oben) in 8–10 Minuten goldgelb backen. Mit einem breiten Messer auf ein Kuchengitter heben und abkühlen lassen.

5

75 g Puderzucker mit dem Himbeersirup und den restlichen Puderzucker mit dem Rum verrühren. Die Plätzchen mit einem Pinsel damit bestreichen und mit Zuckerstreuseln garnieren (Seite 34/35).

6

Den Guß 1–2 Stunden trocknen lassen. Die Plätzchen zum Aufbewahren in eine Dose schichten.

Pro Stück etwa: 206 kJ/49 kcal
1 g Eiweiß · 2 g Fett · 7 g Kohlenhydrate

Butterplätzchen

Terrassenplätzchen

Sie können die feinen Mürbteigplätzchen zur Abwechslung auch einmal mit geschmolzenem Nußnougat füllen.

Zutaten für 48 Stück:
Für den Teig: 250 g weiche Butter · 1 Prise Salz · 125 g Zucker · 2 Päckchen Vanillinzucker · 2 Eigelb · abgeriebene Schale von 1 unbehandelten Zitrone · 400 g Mehl
Für die Arbeitsfläche: Mehl
Für das Backblech: Backpapier
Zum Füllen: 4 Eßl. Johannisbeergelee · 1 Eßl. Cassis (Johannisbeerlikör)
Zum Besieben: 50 g Puderzucker

- Zubereitungszeit: etwa 1 Stunde
- Kühlzeit: etwa 2 Stunden
- Backzeit: 8–10 Minuten pro Blech

1

Die Butter mit dem Salz, dem Zucker und dem Vanillinzucker schaumig rühren. Die Eigelbe und die Zitronenschale hinzufügen. Nach und nach das Mehl untermischen. Den Teig gut verkneten. Zugedeckt etwa 2 Stunden kühl stellen (Seite 18/19).

2

Den Backofen auf 200° vorheizen. Die Arbeitsplatte mit wenig Mehl bestäuben und 3 Backbleche mit Backpapier auslegen.

3

Den Teig portionsweise etwa 3 mm dick ausrollen. 3 gleiche Förmchen in verschiedener Größe zum Ausstechen verwenden (Seite 18/19).

4

Die Plätzchen auf die Bleche legen und im Backofen (oben) in 8–10 Minuten goldgelb backen. Mit einem breiten Messer auf ein Kuchengitter heben und abkühlen lassen.

5

Das Johannisbeergelee mit dem Cassis in einem kleinen Topf kurz erwärmen. Die größeren Plätzchen mit einem Pinsel damit bestreichen. Jeweils drei Plätzchengrößen zusammensetzen. Die fertigen Plätzchen mit Puderzucker besieben (Seite 34/35).

6

Die Füllung 2–3 Stunden trocknen lassen. Das Gebäck zum Aufbewahren in eine Dose schichten.

Pro Stück etwa: 381 kJ/91 kcal
1 g Eiweiß · 4 g Fett · 11 g Kohlenhydrate

Terrassenplätzchen

Sahnekringel

Ein zartes Teegebäck für diejenigen, die auf allzu viel Süße verzichten möchten.

Zutaten für 40 Stück:
Für den Teig: 75 g weiche Butter ·
50 g Puderzucker · 4 Eßl. saure Sahne ·
200 g Mehl
Für die Arbeitsfläche: Mehl
Für das Backblech: Butter
Zum Bestreichen: 1 Eigelb
Zum Bestreuen: 50 g Hagelzucker

- Zubereitungszeit: etwa 25 Minuten
- Kühlzeit: etwa 1 Stunde
- Backzeit: 12–15 Minuten

1

Die Butter mit dem Puderzucker schaumig rühren. Die saure Sahne hinzufügen, das Mehl untermengen. Den Teig gut verkneten und etwa 1 Stunde zugedeckt kühl stellen (Seite 18/19).

2

Den Backofen auf 200° vorheizen. Die Arbeitsfläche mit wenig Mehl bestäuben. Das Backblech einfetten.

3

Den Teig portionsweise etwa ½ cm dick ausrollen und Ringe ausstechen (Seite 18/19). Den restlichen Teig immer wieder zurück in den Kühlschrank legen.

4

Die Kringel auf das Backblech legen. Das Eigelb verquirlen. Die Plätzchen mit einem Pinsel damit bestreichen und mit dem Hagelzucker bestreuen.

5

Die Plätzchen im Backofen (oben) in 12–15 Minuten goldgelb backen. Mit einem breiten Messer auf ein Kuchengitter heben und abkühlen lassen.

6

Die Sahnekringel zum Aufbewahren in eine Dose schichten.

Pro Stück etwa: 187 kJ/45 kcal
1 g Eiweiß · 2 g Fett · 6 g Kohlenhydrate

Sahnekringel

Lebkuchenwürfel

Würziger Lebkuchenduft aus der Weihnachtsbäckerei steigert die Vorfreude auf das Fest.

Zutaten für 120 Stück:
Für den Teig: 250 g Honig · 200 g Zucker · 450 g Mehl · 200 g gemahlene Mandeln · 100 g gehackte Walnüsse · 100 g gehackte Haselnüsse · ½ Teel. Kardamom, gemahlen · ½ Teel. Nelkenpulver · 1 Teel. Zimtpulver · 100 g kandierte gehackte Früchtemischung · 15 g Hirschhornsalz · 4 Eßl. Rum · 1 Ei
Für das Backblech: Butter und Mehl
Zum Teig Ausrollen: Frischhaltefolie
Zum Bestreichen: 3 Eßl. Aprikosenkonfitüre · 1 Eßl. Rum · 200 g Zartbitterkuvertüre
Zum Verzieren: 20 g gehackte Pistazien · 50 g Belegkirschen · 50 g abgezogene Mandeln · 50 g Walnußkerne

- Zubereitungszeit: etwa 1¼ Stunden
- Backzeit: etwa 20 Minuten

1

Den Honig mit dem Zucker bei schwacher Hitze unter Rühren erwärmen, bis sich der Zucker aufgelöst hat. Die Masse in einer Rührschüssel abkühlen lassen. Den Backofen auf 175° vorheizen. Ein Backblech einfetten und mit etwas Mehl bestäuben.

2

Das Mehl mit den Mandeln, den Wal- und den Haselnüssen, den Gewürzen und der Früchtemischung vermengen (Seite 18/19). Das Hirschhornsalz in dem Rum auflösen. Das Ei zur Honigmasse geben, nach und nach die Mehlmischung und das Hirschhornsalz untermengen. Den Teig gut durchkneten und zwischen Frischhaltefolie eine gleichmäßig dicke Platte in Größe des Blechs ausrollen (Seite 18/19).

3

Die Frischhaltefolie entfernen und die Lebkuchenplatte auf das Blech legen. Den Teig im Backofen (Mitte) etwa 20 Minuten backen.

4

Die Aprikosenkonfitüre mit dem Rum verrühren und die noch warme Lebkuchenplatte damit bestreichen. Die Konfitüre etwa 30 Minuten trocknen lassen. Inzwischen die Belegkirschen und die Mandeln halbieren.

5

Die Kuvertüre im warmen Wasserbad schmelzen lassen (Seite 34/35). Die Lebkuchenplatte damit gleichmäßig bestreichen. Die Platte in etwa 3 cm große Würfel schneiden (Seite 18/19). Die Würfel mit den Pistazien, den Belegkirschen, den Walnußkernen und den Mandelhälften verzieren. Die Kuvertüre in etwa 1 Stunde völlig trocknen lassen.

Pro Stück etwa: 283 kJ/68 kcal
1 g Eiweiß · 4 g Fett · 9 g Kohlenhydrate

Lebkuchenwürfel

Marzipanbrezeln

Das Brezelformen ist eine Geduldsprobe, aber das Ergebnis ist die Mühe wert!

Zutaten für 20 Stück:
Für den Teig: 200 g Marzipanrohmasse ·
50 g Puderzucker · 125 g weiche Butter ·
½ Teel. Ingwerpulver · 200 g Mehl
Für das Backblech: Butter
Zum Bestreichen:
200 g Hagebuttenkonfitüre
Zum Bestreuen: 50 g gehackte Mandeln

- Zubereitungszeit: etwa 50 Minuten
- Kühlzeit: etwa 1 Stunde
- Backzeit: 18–20 Minuten

1

Die Marzipanrohmasse in Stückchen schneiden, mit dem Puderzucker, der Butter und dem Ingwerpulver verrühren. Das Mehl hinzufügen und den Teig gut verkneten. Den Teig zu einer Kugel formen und etwa 1 Stunde kühl stellen (Seite 18/19).

2

Den Backofen auf 175° vorheizen. Ein Backblech einfetten.

3

Den Teig portionsweise erst zu dünnen, etwa 24 cm langen Rollen, dann zu Brezeln formen. Die Brezeln mit einem breiten Messer auf das Backblech heben.

4

Die Brezeln im Backofen (Mitte) in 18–20 Minuten goldgelb backen. Mit einem breiten Messer auf ein Kuchengitter heben.

5

Die Brezeln etwas abkühlen lassen. Mit einem Pinsel mit der Hagebuttenkonfitüre bestreichen und in die gehackten Mandeln drücken.

6

Die Brezeln 1–2 Stunden auf dem Kuchengitter liegen lassen, bis die Konfitüre getrocknet ist. Die Marzipanbrezeln zum Aufbewahren in eine Dose schichten.

Pro Stück etwa: 740 kJ/180 kcal
2 g Eiweiß · 9 g Fett · 21 g Kohlenhydrate

Marzipanbrezeln

Honigtaler

Leckerbissen für alle Freunde der Vollwertbäckerei.

Zutaten für 36 Stück:
Für den Teig: 200 g Honig · 50 g Butter · 50 g Rosinen · 75 g Erdnüsse · 125 g Kokosraspel · 250 g Weizenvollkornmehl · ½ Teel. Anispulver · 1 Ei
Für das Backblech: Butter
Zum Wälzen: 3 Eßl. Sesamsamen

- Zubereitungszeit: etwa 25 Minuten
- Kühlzeit: etwa 2 Stunden
- Backzeit: etwa 15 Minuten

1

Den Honig mit der Butter bei schwacher Hitze unter Rühren kurz erwärmen, dann in eine Rührschüssel füllen und abkühlen lassen.

2

Die Rosinen in einer Schüssel heiß waschen, dabei das Wasser mehrmals erneuern. Zum Trocknen kurz auf ein Küchentuch legen und kleinschneiden. Die Erdnüsse schälen, kleinhacken und mit den Kokosraspeln, dem Mehl und dem Anispulver mischen.

3

Das Ei und die Rosinen unter die Honigmasse rühren. Dann nach und nach die Mehlmischung untermengen. Den Teig verkneten, dabei immer wieder die Hände befeuchten, da der Teig etwas klebrig bleibt.

4

Die Sesamsamen auf die Arbeitsfläche streuen und den Teig darauf zu einer Rolle von etwa 4 cm Durchmesser formen. Die Rolle in 2 Stücke teilen und diese zugedeckt etwa 2 Stunden kühl stellen.

5

Den Backofen auf 175° vorheizen. Ein Backblech einfetten.

6

Mit einem scharfen Messer, das immer wieder in kaltes Wasser getaucht wird, etwa 1 cm dicke Scheiben von den Teigrollen schneiden. Die Scheiben auf das Blech legen und etwas flach drücken.

7

Die Plätzchen im Ofen (Mitte) etwa 15 Minuten backen. Mit einem breiten Messer auf ein Kuchengitter heben und abkühlen lassen.

8

Die Honigtaler zum Aufbewahren in eine Dose schichten.

Pro Stück etwa: 359 kJ/85 kcal
2 g Eiweiß · 4 g Fett · 12 g Kohlenhydrate

Honigtaler

So wird's gemacht

Mit Zuckerguß und Streuseln

1 Puderzucker mit Himbeersirup, Rum oder Zitronensaft verrühren. Die Glasur muß dickflüssig sein.

2 Die Plätzchen mit einem Pinsel damit bestreichen und auf ein Kuchengitter legen.

3 Mit Zuckerstreuseln oder Liebesperlen bestreuen und den Guß 1–2 Stunden trocknen lassen. Dann die Plätzchen in eine Dose schichten.

Mit Kuvertüre und Kokosraspel

1 Die Kuvertüre in Stücke teilen und im warmen Wasserbad unter Rühren langsam schmelzen lassen. Abkühlen lassen, bis sie fast erstarrt ist, und wieder leicht erwärmen.

2 Die Schokostangen einzeln auf eine Gabel legen, in die Kuvertüre tauchen und auf der Gabel abtropfen lassen.

3 Die Kokosraspel in eine kleine Schüssel geben. Die Plätzchen darin wälzen und zum Trocknen auf ein Kuchengitter legen.

Mit Gelee oder Konfitüre und Puderzucker

1 Johannisbeergelee mit Cassis oder Orangen- und Aprikosenkonfitüre mit Rum in einem kleinen Topf kurz erwärmen und glattrühren.

2 Die größeren Terrassenplätzchen damit bestreichen, die kleinste Größe unbestrichen lassen. Jeweils drei Plätzchengrößen zusammensetzen

3 Die Plätzchen dick mit Puderzucker besieben. Die Füllung 2–3 Stunden trocknen lassen. Dann die Plätzchen in eine Dose schichten.